JN410448

오류의 정원

안은주 시집

시인동네 시인선 094

안은주 시집

오류의 정원

시인동네

시인의 말

달을 보니 내일도 덥겠다.
사라지지 않는 꿈을 꾼다.
섬에서 멀미가 심해지고 있다.

2018년 8월
안은주

차례

제2부

제3부

제1부

노동요
—파종

노트에 까맣게 새들을 뿌린다. 새들이 각자의 날개로 날아가 안착한다. 잠시 빌려온 구름 속 비를 내려주니 새들이 후다닥 젖는다. 노트에 뿌려진 새들은 다시 날아오르지 않는다. 사람에게도 갔다가, 세상사에도 갔다가, 고향에도 갔다간 이내 돌아온다. 이미 솎아낼 수 없을 만큼 자라 있다. 땀을 흘리며 무릎에 힘을 주고 새들을 자라게 해준다. 황금 투구를 쓴 듯 세상은 빛나고 있다. 며칠 후 복(福) 자가 새겨진 수저를 샀다. 때론 강렬하게 새들이 유령처럼 사라지기도 했다. 점보다 더 작게 사라질 때면 내 키보다 웃자란 불안이 피처럼 올라오곤 했다. 하나의 궁극적인 시작처럼 새들을 다시 노트에 뿌린다. 강산 하나 변할 시간 동안 낭독의 시간을 가졌다. 햇볕 타는 냄새를 맡고 싶다. 언제든지 흰쌀밥 한 그릇을 비울 준비가 되어 있다.

몸의 기원

비 개인 오후 5시, 딱딱해진 것을 가져본 적 없는 지렁이가 납작하게 죽어 있다. 내가 밟아 죽였는지는 기억나지 않는다.

웅송그리며 지렁이의 몸에 새카맣게 들러붙은 똥파리들! 잘 차려진 식사 중이다. 태(胎)처럼 맨몸뚱이였던 내부로부터 뜨겁게 터져 나온 얼룩이 앞뒤를 찾던 인생의 정답이 아니라는 걸 똥파리들은 알까? 저 죽음과 같은 공간에 있는 비에 젖은 흙냄새가 내 폐를 최대한 부풀린다.

흙이 묻어 지저분한 무거운 신발로 채 마르지 않은 가벼운 지렁이의 죽음을 구석으로 밀어준다.

살았던 침묵을 다시 한 번 느껴보라고,
앞뒤 없던 생은 짐이었으므로.

내가 일찍이 보았던 침묵의 텅 빈 시간 같은 마른 낙엽들을 잘 비벼서 덮어준다.

비 개인 오후,

먼 곳에서 속뜻도 모르는 풋살구 냄새가 날 것도 같아,

가벼움은 늘 무거움 뒤에 온다.

하프타임

조수간만 차는 확실했다. 연달아 세 개나 올라온 태풍이 뭍의 모든 생각들을 정지시켰다. 뭍을 핥으며 들어온 바다처럼 내가 용기 내어 바다로 고기를 잡으러 나간 적은 한 번도 없었다. 물이 물로 채워지고 물이 물에서 없어지는 광경에 매달려 내 감정은 수시로 열렸다 닫혔다.

바닷바람은 내가 무엇에 집착하려는 걸 알아채곤 내성 발톱을 가진 말들로 따귀를 때렸다. 따귀를 맞는 동안 망한 자의 눈으로 무서우리만치 바다의 심장에 귀를 모았다. 뗏장 같은 밤의 등짝에 태풍처럼 거친 문자 몇을 새겨 넣기도 했다.

절망의 시절을 휘적휘적 걸으며 나는 후견인도 없는 고아가 되어 있었다. 태풍 속에서 뭍으로 떠밀려 와 죽은 물고기들은 아무 말도 없었다. 연속된 태풍 속에서 뻘 속에 잠겨 있던 흰 조개껍데기처럼 버려진 말들을 밤새 썼다.

내 속에 감금당한 내 목소리가 악다구니처럼 밀려온 파도에 떠밀려 소통이 아닌 실물이길 바랐다. 태풍이 끝난 이른 아침, 해안가에서 엎어졌다 뒤집혔다 하는 물고기들이 누렇게 혹은 하얗게 널려 있었다.

어쨌거나, 조수간만 차는 확연히 달력에 새겨져 있었고 변하지도 않았다. 내겐 나에게 던질 애도의 꽃도 번듯한 말들도 없었다. 바다는 오래된 봄처럼 반짝거렸다. 그리고 아름다워졌다. 물고기들의 잔해를 보고 하늘에서 새떼가 악머구리처럼 내려왔다.

새들은 먹먹한 색을 가진 눈알부터 먼저 먹는 습관이 있었다.

애인 1

습관처럼 눈썹을 뽑는 버릇이 있습니다.

눈썹이 하나둘 떨어지기 시작하는 밤마다 이유 없이 나오는 기침은 대화 없이 얘기할 수 있는 유일한 수단입니다. 마치 딸꾹질같이 나오는 기침은 애인이 두엇쯤 있었다면 전해졌을 소식 같았습니다. 어지러움은 덤입니다. 나에게 제공된 세상만으로는 충분하지 않았기 때문에* 기침이 심해지는 날이 많았습니다.

덜 깬 꿈에서 작은 의자를 만들었습니다.

의자는 그렇게 낡아졌다 이 문장만이 현실에 남아 가난하게 날 세상으로 끄집어냈습니다. 점점 의자로 채워지는 밤이 많아졌습니다. 그 후 하나의 고원이 생기기 시작했습니다. 이내 천 개의 고원을 가지게 되었습니다. 나는 어느새 의자 부자가 되었습니다.

오랫동안 지구의 벗이었던 명왕성이 퇴출된 이후 미열을 앓는 누군가의 애인이 되고 싶어졌습니다. 그 눈에서 반짝이고 싶어졌습니다. 애인의 반짝이는 눈에서 이전까지 없던 첫

사물이 되고 싶어졌습니다. 밤마다 애인처럼 월담하듯 눈썹이 떨어집니다. 나는 기침과 기침 사이에서 자꾸 눈이 부셨습니다.

---

*김승희, 『달걀 속의 生』의 역자 서문 중에서.

오독

과속하는 버스 안에서
인간을 안개라고 읽었다.
마음이 닿는 분명한 실존을 해석하지 못한다.
대면 없는 대화는 서로를 주목하지 않는다.
완고하게 싫어지는 날이 많아진다.
들썩거리는 몸 무섭게 달싹거리는 입술
어떤 말을 삼킨 것인지 나는 말하지 않는다.
손잡이를 꽉 잡는다.

옆구리가 결린다.
신호에 걸린 버스가 정지한다.
달싹거리던 입술이 침을 삼킨다.
흔들렸던 마음은 이내 가라앉고
안개였던 인간이
인간을 낳고 인간을 낳고 또 인간을 낳았다.
안개가 걷히고
손잡이를 놓은 손에 손금이 깊다.
버스가 어딘가에 도착했다.

말의 이상

언제부터인가 무엇을 먹을 때마다 돌 같은 것이 씹혔습니다. 삶은 달걀을 먹을 때도 밥을 먹을 때도 그러다가 침을 삼킬 때도 돌은 마구 입 안을 돌아다녔습니다. 거울 앞에서 아귀처럼 입을 크게 벌리고 들여다보니 오른쪽 맨 끝 어금니가 깨져 있었습니다. 혀로 긁어보았더니 허무하게 부서졌습니다. 이와 돌의 경계에서 이제 나는 죽음을 맞이할까요? 그러고 보니 여태 알 수 없는 소리에 봄밤을 설치곤 했었는데 그렇게 먹어버린 어금니 조각들이 뱃속에서 내 말을 앓고 있었나 봅니다. 외우지 않아도 혀의 느낌으로 기억했던 시계 수리공의 섬세함 같았던 말을 찾아야겠습니다.

훗!

잠시만 우리 서로 잊기로 해요.
간단히는 생각 않을 태도로요.

내가 생각하며 말했다.
모든 생각을 대괄호에 묶어두고 팔다리가 잘려나가거나 접붙여질 때마다 생각하는 연습을 다시 시작했다.

나는 고작 의자에 앉아 생각할 뿐인데
지구와 닮은 나는 지구를 닮은 너를 오래 묵은 장(藏)처럼 깊숙이 파먹어 보기도 하고 물에 풀어보기도 했다.

의자에 앉아 생각한다는 건 며칠 후 너와의 유쾌한 만남을 위해 사랑했던 순서를 기억해내는 일.

참으로 씩씩하게 서귀포에 살다 보면 알게 되는 것이다. 서귀포에는 바다가 없다는 것을.

별들만이 남아서 우리 사이에 끼어들 때

우리는 하지 못한 말을 버리고 말았다.

생각하기 전의 나와 너이기 때문에 막 의자에서 빠져나온 우리는 서로의 생각이 덜컹거리는 줄도 몰랐다.

이제 우리는 우리가 우리를 위한 소괄호였음을 알아야 한다.

꽃무릇

아프다는 손짓이 제일 많았어요.

질문은 우리의 실핏줄이에요.

육식성 질문을 할 때마다 당신은 씨앗처럼 허공을 굴러와 내 몸에서 꽃 사태를 일으켜요.

기형적으로 핀 물음들엔 유리병을 덮어씌워요.

물음에 관해 매일매일 일기처럼 쓰진 않아요.

부풀어 오른 꽃들 사이에서 달이 지는 쪽으로 당신을 쏟아내는 게 다인걸요.

이파리 하나 없이 나이 드는 일 못내 서러워도 꽃무릇을 혼자서는 이룰 수 없잖아요.

한때 더는 당신이 이곳에 남아 있지 않다고 생각했어요.

해쓱한 낮빛의 꽃들이 더는 아름답지 않다고 생각했어요.

발 없는 씨앗들이 온 세상을 유성으로 흐르듯 당신과 나는 언제나 영원할 것 같아요.

똑, 똑 부러진 기다란 꽃대가 실핏줄로 이어져 있는 것처럼 끝나지 않아요.

환절기

나이는 내가 조금 더 많은 것 같고

한시도 우리는 사랑하는 사이도 아니었다. 서로를 밀쳐내지는 못하고

갓 지은 밥처럼 수북하게 쌓인 어둠 갓 돋아난 새싹 낯선 등의 체온이 내 몸을 관통한다. 갑자기는 아니고

뜨거운 김이 훅 덮쳐올 때 어떤 방향으로든 계절은 연결된다.

우리는 지금 계절의 끝과 시작에 서 있다. 발효되지 못한 고백은 주저주저 첫 전화(轉化)를 시작하려 하고

어둠 속에서 오래 있다 보면 모든 게 환해진다. 나이만큼 아는 것이 많은 건 아니고

수북하게 쌓인 어둠은 얇은 잎이 된다. 위안이라면 위안

이고

멀리서 계란장수가 득음한 듯 확성기를 틀며 지나간다. 꿈틀꿈틀 모든 게 합쳐지는 환절기

볼이 미어지도록 먹은 밥이 달다. 사랑한 적 없기에 뜨거운 고백도 없고

직관적 간증

매일 밤 이웃한 십자가가 붉게 켜지면 내 방은 카바레로 변해요. 나 혼자 지르박을 추는 밤. 미쳤다고 하겠지만 선악은 백지장 같은 무게로 한데 뭉쳐 싸우고 있는 걸요. 어차피 불가능한 간증이지만 마음에서 마음을 찾는 밤이면, 결국 간증은 빨갛게 부끄러워하며 뱅글뱅글 돌아요. 터미널에서 우연하게 마주친 우리의 오늘은 바쁘지 않은 재촉을 서두르며 어색한 눈인사로 끝났네요. 무언가 말하려던 당신의 입술이 자꾸만 떠올라 오는 내내 조금은 설레었던 것도 같아요. 오늘 밤도 내 방에서 아무도 듣지 않은 간증을 끝내고 지르박이나 추어야겠어요. 갱년기같이 깊어가는 열대야의 밤, 고장 난 에어컨의 리모컨을 한없이 눌러보며, 아직은 몇십 년 더 돌 수 있음을 알았네요. 먼 데서 폭풍이 올라오고 있다는 소식을 밤하늘 먹구름이 몰고 오네요.

내통

저기 물 위를 날아가는 새가 나인지. 우리 어디선가 꼭 한 번 만난 적 있는지. 왜 계절은 쉼 없이 지구 여기저기서 바퀴처럼 구르는지. 어떤 계절이 먼저였는지. 무화과이지만 막상 꽃이 없는지. 당신이라고 부르긴 하지만 당신은 없는지. 상처투성이 마음은 천리보다 더 깊다고 하지만 가본 사람 하나 없는지.

늙으나 젊으나 이 모든 걸
사랑타령이라고 하겠지만

당신 혹은 나는 잃어버린 계절, 상처투성이 마음, 사랑타령 사이로 유빙처럼 떠돌다 이번 계절에 만나게 된 처연한 연두색 잎들이 돋아나는지.

오뉴월 개처럼 잘 늙어가고 있는 우리 사이에서 짜증나도록 선명한 연두색 잎들이 내통하는.

거울 속의 history

빌헬름 함메르쇠이*의 우울한 실내에 있는
나는 우주를 창조하는 사람
뒷모습으로만 사는 나는
원형을 모방하는 반 토막
상당한 시간 동안 생각했기 때문에
올빼미가 된 얼굴
내 방은 생각들이 흰 종이로 날아다니는
기괴하게 변한 섬뜩한 얼굴
내 몸은 이미 오래된 의자
밤마다 길어지는 내 그림자는 나보다 먼저 노래를 하고
밤마다 새를 만들어내는 우울한 연금술사
나에서 나로
다시 나에서 나로 흩어진
출렁거리는
젖은 숟가락
모호한 기념일에
만월을 그리며
누구든 내 방을 두드리기만 기다리는

깨어있는 밤
별들의 그 붉은 심장에서 떨어진 씨앗이
내 방에 새싹을 피운 다음 날엔
케이크를 사기도 하는
잘 맞춰진 오래된 별자리만큼
반짝이는 내 거울 속의 history

* 덴마크의 상징주의 화가.

밑그림

누구도 의심할 수 없는
가장 확실한 꿈을 그리려고 한 적 있지.

봄처럼도 그려봤고
겨울처럼도 그려봤고
가장 보편적인 눈으로 훑어보기도 했지.

차갑거나 뜨겁게
불타는 꽃밭을 거닐며
쇠락하는 계절을 극렬하게 느끼며.

꿈은 옛 그림처럼 평범하고 아름다웠지.

평범하고 아름다운 삶에 안겨
한참을 짓고 지었지만

비쩍 마른 손가락 사이로 삐져나간 태양처럼,
뜨거움에 데어 벗겨진 입천장처럼,

내가 원한 꿈은
뜨겁지도 차갑지도 못했지.

이제 겨우 한 줄을 그렸을 뿐인데
벌써 오래된 하이쿠처럼 돼버렸지 뭐야.

그대
—자구리에서

아무리 봐도 안 보여 그대라는 아름다운 사람
나 혼자 목젖이 뻐근해질 때
별이 내리면 그대라는 아름다운 사람이
별판을 달려와 내게 안길 것 같았는데
눈망울 검게 짙어지는 저녁의 불길함이 모여
손가락으로 눈시울을 더듬어 보았으나
아무리 봐도 안 보여
보이지 않는 그대 그림자의 잔영처럼
손가락들만 사라져
아름다운 지난날에서 추방되기라도 한 걸까
동그랗게 등을 서로 맞대고 잠드는 습관은
여전히 따듯하게 남아 있고
문득 풋잠이라도 자다 깬 날에는
얼마큼 왔을까 어디쯤 왔을까
금방이라도 내 목젖이 먹먹해지는 것 같아
말을 더듬듯 다시 처음으로 돌아가
아무리 봐도 안 보여
그대라는 아름다운 사람이라는 체온이

가을

머리카락이 떨어진다.

가을이란 모름지기 뭐든지 떨어져야 제맛이란다.

가을엔 여하튼 떨어지게 되어 있다.

어깨를 타고 스쳐 가는 어떤 전율을 느낄 때 앞서간 내 모든 것들과 밀회를 한다.

불모(不毛)의 가슴속에, 오전이 지나고 정오도 지나고, 저녁의 그늘 속에 내가 있다.

오, 참으로, 가을 햇살이 뜨겁네.

여름의 끝

달이 차오른다, 달이 조금씩 차오른다,
여름 내 너는 말했다.

모든 창문을 닫은 건 나였다/형식으로서/다만 모든 창문은 너로 인해 열려야 했다/창밖을 어슬렁거리는 터무니없음은 너로 인해 전개된다/너는 옮긴다/창문을 옮긴다/너로 인해 발생한 것은 창문일까,

왼쪽으로 돌아보면 기준은 딱딱해져 있다/모서리의 오른쪽은 물렁물렁한 것투성이다/너는 이미 알고 창문을 연다/창문은 어느 쪽으로 밀쳐져 있는가,

솟구친다, 펼친다, 일어선다/여기에서 혹은 거기로/너는 돌아서 간다,

너 이후의 너로 인해,
나는 들려 있다.
나는 꺼내져 있다.

나는 밤 속으로 펼쳐져 있다.
너를 공간적으론 이해하지 않겠다.
창문을 여는 것도 닫는 것도 나는 할 수 없다.
슬픔의 발달은 마침내 마지막 물음을 묻는 것으로
이 여름을 끝낸다.

달이 차오른다, 달이 조금씩 차오른다.
우린 사랑하기나 했던 걸까.

사랑했던 기억만으로

숨은 것들이
숨겨진 것들 위로 포개진다

존재했던 자신의 흔적을 찾아 떠도는 유령처럼

불변자여 이유가 무엇입니까

꽃은 봄이 어떤 방식으로 이해해도 가을엔 함부로 떨어져요 완벽하게 조화로운 혹은 완전하게 맹신적이게 떨어지는 게 파괴적이고 미련한 사랑에 대한 공멸 같아요 그 뒤에는 근사하게 뒤얽힌 두 발자국이 길게 굽어 있겠지요 거짓말처럼 환하게 숨겨진 것들을 껴안을 수 있기에 삼생(三生) 동안 바람이 불고 비가 내릴 거예요

우—후후 피고지고피고지고피고

덜 말해야 더 말할 수 있는 기억이 초라한 꽃잎처럼 차곡차곡 내게 쌓인다

불변자여

얼마큼 오셨습니까

나의 정인

파도는 지극히 편집증적이다.
거칠고 뒤죽박죽 날것으로서.

밤바다의 파도는 풍경을 거부한 채 공간으로 솟구치는 검은 부분의 묘혈 같기도 하고 백치 같기도 하다. 스스로 낯설어서 당겨지거나 사라지는 저 솟구침을 어떻게 말해야 할까.

홀연 태풍이 왔고, 누군가 파도를 가져갔다고 말할 수밖에 없는 상황. 뭔가를 자꾸 잃어버리고 있다. 적확하지 않은 무언가가 자꾸 사라지고 자꾸 부서진다.

늦은 밤이거나 다음 날 기억할 만한 사건이 있었으리라. 소환된 기억은 극히 개인적인 것. 파도는 덧없으므로 사라진다. 그대가 걸어온 젖은 길이 그대의 길이 아니듯이. 지나가고, 지나가고, 또 지나가듯이.

익명을 요구한 태풍이 씩, 웃는다.
태풍이 왔을 뿐인데.

제2부

무화과나무
—1971~1996

쭉 뻗은 몸과 하얗게 분칠한 얼굴은 최초의 언어를 잃었다. 오늘 무화과나무를 순장하고 왔다. 제 몸으로 둥근 무덤을 만드는 무화과의 표정은 언제나 다발성 슬픔이다. 너도 나도 죽은 이들 앞에서 어금니를 물며 마지막으로 따뜻했던 입을 쓰다듬어 주었다. 온갖 사후(死後)를 가진 지구는 과거와 현재에서 복잡했지만 이내 간결해진다.

365일 후
—4월의 죽음을 생각함.

딱 365일 동안 잠을 잤다
그동안 온 산천에선 쑥국쑥국 꽃이 피었다 졌다
딱 365일 만에 깨어나서 처음 한 일은
잠잘 동안 깊게 패인 가슴뼈로
옹이처럼 울퉁불퉁 꽃 진 자리를 쓸어 담는 거였다
이름을 모르니
고집스럽게 다문 잎을 펴줄 수 없다
꽃끼리 뭉쳐 잠든 나를 빈정거릴 때
심장은 도려내어진 붉은 선지 같다
그렇다고 단단하게 잠을 표현할 방법이 내겐 없다
정말 딱 365일 동안만 잠을 잤을까?
잠든 사이에 사산된, 이름 모를 꽃들의
무덤을 만들어주었다
오직 하나의 형용사(形容詞)만이 내 잠을 설명할 수 있게 하고 싶다
그러고선 웅대한 서시처럼 꽃길을 만들어
동사(動詞)로만 사용하기로 했다
나는 뭉그러진 꽃의 또 다른 모습을 닮기로 한다

그 자체로도 잠은 무능하지 않게 되었다
남은 일은 잠을 정독하는 일뿐이다
그만큼의 고요를 꿈꿨다

열대야

밤이 주술적 힘으로 부엌에 자유를 주었다.

부엌은 뛰어난 관찰력으로 그녀를 어둠 속으로 가져갔다.

낮 동안 쭈뼛했던 부엌의 성향은 비로소 기묘하게 발현된다.

분주했던 식기들처럼 엉켜 있는 그녀를 닦지 않고 그냥 둔다.

미리 짐작한 듯 축축한 밤이 흘러내린다.

부엌은 물의 사원이 되어 세속적인 것의 장엄함을 그녀에게 비친다.

비로소 오래전 방생한 내일 아침에 그녀는 밤 동안 닦지 않았던 욕망을 재창조하기로 한다.

이런저런 욕망도 있겠지 싶은 더 많은 욕망을.

마술사의 하얀 손가락 같은 밤, 밤새 그녀의 그림자는 층과 층 사이를 연결하는 계단처럼 뱅뱅 빠져나가지 못했다.

아무 일도 없던 것처럼 언제나 태양은 뜨고 그녀도 익숙한 듯 아침에게 인사한다.

약간의 숨참을 내뱉기 위해 비로소 창문을 연다.

그제야 그녀는 자신을 먼 훗날로 집어넣는다.

살짝궁

햇살이 막 집을 나서는 내 어깨에 닿았어요.
길을 잃지 않으려면 이런 눈부신 고통쯤은 참아야 해요.
잉여의 햇살은 당신에게 주고 싶어요.
살짝궁 받아보아요.

초승달에서 반달이 되고 만월이 되었다가 다시 사라진 달은
정말 사라진 걸까요.

내게 정화의 꽃물을 부어주세요.
두 손 가득 연꽃을 피우고 싶어요.

자, 받아보아요.
내가 겨자씨 한 움큼의 햇살을 당신에게 나눠드릴게요.

살짝궁 해와 달이 줄다리기를 할 때
우리는 저 필사적으로 흐르는 시절을 흩어버리지 않기로
해요.

우린 맞닥뜨린 시절을 정면으로 대응해야 해요.
우리는 모두 진화하는 중이니까요.

집으로 돌아가는 길을 잃지 않기 위해 우리는 너무 복잡하면 안 돼요.

눈부신 햇살 아래에서 우린 모두 호모사피엔스인걸요.

사과를 줍다가

사과 담은 검은 비닐봉지를 들고 버스를 탔습니다. 열린 창으로 가을 나뭇잎 냄새가 들어옵니다.

그래서일까요?

부도(浮屠)처럼 앉아 있던 노승은 이미 내리고 없는데, 의자 깊숙이 가을 햇빛이 고여 있습니다.

노승이 흘리고 간 몫의 나머지 같습니다.

노승의 뒤통수에 난 상처들은 처음부터 오체투지 같았습니다.

급정거한 버스 통로를 타고 쏟아진 사과들이 붉은 얼굴로 구석을 찾고 있습니다. 내 몫의 내 나머지 같은 사과를 줍습니다.

노승은 이미 내리고 없는데, 한자리씩 차지한 불두화들이 이리저리 흔들리며 졸고 있습니다. 멍든 사과를 줍다가,

내가 꺼내져 있는 듯 부끄럽습니다.

왜일까요?

노승의 나머지 같은 가을 햇빛에 몸을 기울여봅니다.

멍이 든 늑골 어디쯤일 겁니다.
햇빛이 고여 말간 웅덩이 하나 생깁니다.

저울

한 번도 무게를 달아본 적 없는 저울들

시장 한복판에 놓여 허공의 무게를 다는 것처럼 너스레를 떤다

수많은 사람이 지나가며 한번쯤은 흘끗 쳐다볼 뿐이지만 서로에게 기댄 채 탑을 쌓는 일이 다다

그저 허공을 떠받치는 일만으로 만족하는 것일까

때론 아무것도 없는
때론 아무것도 할 수 없는

햇빛으로 가득 찬 허공을 짊어지는 것이 세상에서 제일 힘든 일이 될 수도 있다

이들에게 실제 상황은 한 번도 없었다 밤이 오면 낡은 천막에 뒤덮여 하루를 마감할 뿐이다

언젠가 쿵 떨어져 터진 심장을 달아봐 달라고 해볼까

오래전 가슴에 집어넣었던 단단해진 심장을 다시 꺼낸다는 건 드러내고 싶지 않은 인간사의 구멍 난 그림자 같지만

수많은 사람이 지나가면서 힐끗 쳐다보는 눈빛을 견딘다는 것이 저 저울들을 단단하게 만들었을 거란 생각

너무 많은 바람보다도
너무 많은 시간보다도

저 단단해진 저울이 허공이 되고 빛이 된다는 것이 세상에서 가장 큰 일일 수 있다는 생각

와락 젖어

변덕스러운 달 아래에서는 맹세하지 말라고 줄리엣이 말했다지. 봄만 되면 왜 연분홍 벚꽃은 미친년처럼 달 아래에서 예뻐질까. 그렇게 어두운 색도 아닌 밤하늘 아래에서 반짝이는 푸딩처럼 부풀어서는. 이룰 수 없는 꿈이 경계를 넘어가지 못한 밤, 슬픔을 못 이겨 뛰어내린 꽃잎을 잡겠다고 나는 왜 로미오처럼 무릎까지 꿇는 걸까. 내일의 비가 내리면 달빛이 아름다운 꽃잎을 뚫고 흘러내린다고 해도 돌아보면 벚꽃은 미친년처럼 웃고 있겠지. 사랑한다면 벚꽃의 달궈진 화상*에 맞아 죽어도 좋겠지. 그래 사랑한다면 저 벚꽃처럼.

---

*니체.

옹이

만약에 말이야. 바다와 숲을 뒤바꾼다면 가령 수련과 연꽃을, 작약과 모란의 꽃대 위 얼굴을 뒤바꾼다면 무슨 세계가 될까. 당근을 깎는데 중간이 뻥 뚫려 한때 내 것이었던 것이 사라졌을 때 힘줄이 아닌 옹이가 손목을 눌렀어. 시간당으로 치자면 온갖 것들이 범람하게 된다는 걸 나는 알고 있었지. 터널증후군을 앓고 있는 내 손목에 난 옹이는 온갖 것들을 썰어야만 했던 나만의 내재율. 나도 한때였던 푸른 자유를 어딘가에 묻어두었지만, 대부분의 청춘을 다시 살 수는 없으니 깎여진 당근의 껍질을 치우며 오래된 도마 위에 핀 야생화를 장미로 뒤바꾼다면 아플까.

넌 오래된 상처엔 무엇을 발라야 하는지 알아?

포옹

수제비를 뜬다
죽은 개의 잔상이 삐걱거린다

초겨울 비는 마치 눈 오는 날씨처럼 차갑다

공사장 높은 철근 위에서
까마귀가 고기를 뜯어먹는다

발가벗겨진 죽음은
그 어느 것보다 뜨거움에 젖어

저 죽음은 누구의 죽음인지
물음만 남긴 채
소멸해 간다

이 모든 게 지구의 자전 때문에 의도된 것이라면
다 괜찮다고 죽은 개에게 말해주어야 할까

눈 같은 비를 맞으며 죽음이 묽어진다

남은 밀가루 덩어리를 랩에 싸서 냉장고에 넣어둔다

유학

나는 여전히 섬에 살고 있네. 추스르고, 웅크려 앉으며. 자주 기억이 잊히고, 없어지기를, 부재하기를 원하네. 어차피 나를 향해 떠오르는 느낌은 변함이 없네. 섬 전체를 뒤덮은 안개가 꿈인 양 오류마저 알아가는 과정 같네.

내가 끼어들 수 없던 철학적 너희들은 오랫동안 무너지지 않을 돌담 같았네. 바닷바람의 추위가 점점 견디기 힘들어질 때 먼저 일어나 안개 속으로 걸어 들어간 너희들은 삼켜진 침묵 같았네.

들리지 않는 목소리를 들으려 했을 때 늘 그래왔듯이 내 얼굴은 안개에 갇힌 섬이 되었네. 너희들이 없는 사이 한 치 앞도 안 보이는 안개 속에서 꽃의 언어로 지는 소리를 들었네. 슥슥슥 어깨를 스쳐 떨어지는 꽃을 느끼며 섬 전체가 흐느끼는 소릴 들었던 것도 같네.

글썽이는 바닷물이 넘치지 않고 딱 글썽이는 것에서 멈추기를 빌었네. 무정한 안개가 나를 떠미네. 너희들이 떠나던 그 여름이 왔네. 강한 햇빛이 안개를 없앨 수 있을 만큼 여름은 강렬하네. 어느새 돌담이 하나 둘 사라졌더군.

어버버 하는 사이에 철학적 너희들의 육지에 들어와 있네. 인간의 호흡을 하면서 꽃의 언어를 알아듣는 재주를 가지게 되었네.

거리에서

트럭들은 질주하지 않는다.

이 계절의 무화과 1박스 만 원. 홍시 1박스 만 원. 패션도 되는 속옷 한 벌 만 원.

모든 트럭이 다 만 원 이상 이하도 아니다. 간절한 눈초리를 뒤로하고 어디로든 간다. 흘러가는 사람들 속 흰 돌, 파란 돌로 박힌 트럭들. 불변한 목소리가 대낮에 호객행위를 하고 있다.

불변한 목소리가 나를 나른다.

나는 어디로든 가야 한다.

이끼처럼 숨기진 않았으나 숨긴 채로 마치 명백한 허구처럼.

이중섭의 그림을 볼 수 있는 곳이 어디냐고 지나가는 사람이 물어본다. 부끄럽지 않도록, 않도록 모른다고 한다.

뒤돌아서고야 안다. 길 건너에 있는 이중섭의 집을.

모든 것이 짧게 잘려나가는 순간에도 불변의 목소리는 호객행위 중이다. 다시 트럭들을 지나쳐 돌아온다.

난 어디를 갔다 왔을까.

소수의 무리가 나를 지나쳐간다.
곳곳에서 은지화에 꾹꾹 눌러진 사람들이 떠내려간다.

섬에서 길을 헤맨다.

묘묘(渺渺)

시간의 변절을 용서하지 못한 채
나는 위로받기로 한다

갈변이 빠른 풋사과같이
온종일 재난방송에 마음이 들썩인다

가뭄 끝에 온 국지성 폭우는 어느 쪽에서 온 걸까
그날, 그날 과했던 마음의 서늘함을 추스른다

기댈 어깨가 부족했다
무엇에 관한, 무엇을 위한 용서인가

시간 속에 살 수 없음을 안다
가장 멀리 있는 우주에서
말로 프런티어를 할 수 있을까

나는 지금 횡단 중이다
여기는 소행성 Q212 지역

괜찮아

—온갖 생각의 일대기

난생이란 건 어둠 속 지친 터널을 지나 어머니의 뱃속에서부터 길을 잃는 것 실타래를 풀기 위해 무수한 꿈은 소소한 듯 손가락 사이로 빠져나가 버렸지 내가 쑥을 먹긴 했는지도 모르니…… 나는 점점 자라서 풋풋한 첫사랑을 움켜잡았다가 놓치더니 가꿀 줄 몰랐던 푸른 청춘을 놓치더니 밥상머리에 앉아 청승 떨다 아버지의 커다란 손에 따귀를 맞았지 결국엔 뒤늦은 치통이 찾아와 봄을 움켜쥐고 냅다 뛰었지 그런 후에 난 뒤에서 보이지 않는 개가 짖는 소리에 놀라 넘어졌지 오전에서 오후로 넘어가는 동안 나는 그렇게 늙었지 옛집 마당에서 말라버린 펌프 손잡이가 아주 가끔 허공 속에 낡고 삐걱거리는 울음을 토해놓았던 오후

그래도 괜찮다면 한때 껍데기를 까고 나온 적도 있었으니 지겹고도 지겨운 날들의 연속 벚꽃 휘날리던 백야(白夜)가 끝났을 즈음 그 껍데기에 내가 새겨져 제멋대로 닫혀 있던 마음이 열리고 새는 언제나 내 위에서 날고 있겠지 이 이야기를 시작한 것만으로도 충분하기에

나는 나이고 나는 나일 수 있겠지

연을 날리다

이 행위는 먼저 해방적이어야 한다.

연은 왜 붙들려 있는지 모르는 채 한 줄 실에 붙들려 있다. 연은 실을 끊고 날아갈 수가 없다.

수많은 연이 한순간 대립한다. 곳곳에서 연이 엎어진다. 수많은 연이 잠재적인 존재로 허공에 가득한 바람을 뚫고 들어선다.

누군가의 손이 연을 멈춘다.

연이 날아가 버린다. 수많은 연이 끝없이 날아가 버린다. 지금 연을 해방시킨 저 손은 누구인가.

풍경에서마저 탈선한, 오늘을 돌파한, 저 멀리 혼자 날기 시작한 꿈을 꾸고 있는 연과 나.

연의 나머지가 나와 마주치고 여기저기 날아다니다 풍경

속으로 사라진다. 내가 남아서 연의 나머지가 된다.

풍경 속으로 사라진 연의 뒤를 쫓는 내가 무성하다.

소녀의 꿈

—기아(棄兒) 회전판(foundling wheel)*

꿈을 꾼다.

스파게티를 먹던 소녀가 시큼한 토마토소스를 뒤집어쓴 채 그늘 짙은 골목만을 되짚으며 돌아다닌다. 휴지 한 롤을 다 쓰고도 말라붙은 토마토소스 같은 시간을 닦아내지 못한다. 스파게티를 끊어내던 이빨로 오도독 탯줄을 끊어낸다. 반납하듯 아기를 베이비박스 안으로 밀어 넣는다. 박스 안에서 아기는 태초의 붉은 울음을 울고 있다. 터질 것 같은 풍선처럼 방 안이 팽창한다. 아기는 목사의 팔에 조사(助詞)처럼 안겨 울음의 문장을 완성한다. 붉은 토마토소스를 닦지 못한 소녀가 복병처럼 방 안으로 들어온다. 난장 같은 자정이 깊어간다. 고아는 아니었으나, 고아처럼 아기는 목사님에게서 이름을 부여받는다. 소녀는 비린 입으로 아기의 이름을 불러본다. 매달려 따라오는 아기의 울음을 다시 한 번 오도독 끊으며 소녀가 방을 빠져나간다. 그 사이, 삐걱거리며 베이비박스는 또 다른 아기를 받아낸다. 급한 뜀박질 소리가 골목 안에 울려 퍼진다. 난곡동 골목에서는 괜찮아 꿈이니까 괜찮아, 소녀의 울음이 밤새 길어지고 있다. 말라붙은 토마토소스를 닦아내며 소녀가 꿈, 밖으로 빠져나간다.

소녀의 불안한 그림자가 길어진다.

---

* 기아(棄兒) 회전판(foundling wheel): 12세기 이탈리아 중세 수도원에서 버려진 갓난아기의 생명을 살리기 위해 기아 회전판을 도입했다.

오류의 정원

정작 멈추지 않는다. 어둠의 수많은 바람은.

이곳은 오류의 정원,

빈틈이 많은 돌담을 따라가면 돼. 한 아름 독백을 생산하던 날처럼 나는 변절하고 싶어. 세상 어딘가에서 딱 90일만 살아보고 싶어. 슬픔주의보가 헛헛하게 날리던 날, 한라산은 시퍼렇게 얼어서 무서웠지. 새들은 날개가 있는데도 왜 섬을 떠나지 않을까. 내 안에 숨지 않게 죽어도 좋아. 맛있는 거 먹고 좋은 거 구경하고 오래오래 살고. 나를 찾아서 지구의 지루한 여행자가 될 거야. 좀 더 일찍 나를 읽어내길 바라. 바다는 한참을 비관적이더니 메아리도 없이 고요해. 보통이어서 더 철석같이 믿은 시간이 지나가. ―모든 슬픔의 척추신경절은 교인도 아니면서 바다에 푹 담겼다 나왔다. 묻는다. 이게 과연 가당키나 한가?― 세상이 온통 죽음이야. 안녕. 이젠 잊기로 하자. 죽음을 지르밟고 제발 뒤돌아보지 말자고 노래를 부르는 나는. 지금 다 털어버리고 말리라. (거짓말, 거짓말, 거짓말) 그런데 바람은 왜 광기를 부리듯 나를 휘감아 소용돌이칠까. 겨우 3억 광년 떨어져 할 수 있는 거라곤 바닷가에 나를 켜켜이 쌓아놓는 것뿐. 끊임없이 날 휘감아 도는 바람에 나는 즐거운 실어증을 앓고 있어. 바람을 잠재울 마음이 없어. 봐봐. 바다가 아름답게 팽창하고 있어.

서귀포

남쪽 날씨는 원래 따뜻한 것이다.

구름 속에서 언 비가 억척스럽게 내리고 있다는 소식이 전해진다.

먼 북해에서도 얼음은 계속 고집을 부리며 녹고 있다는 소식이 전해진다.

중심을 잡지 못한 거대한 크루즈가 표류 중인데 다만 은신처를 찾고 있다는 소식이 전해진다.

어느 소식이든 빠르게 전해지고 쩍 갈라지는 소리를 낸 후 온몸을 녹이기는 할 것이지만 세상은 언 것들을 중심으로 돌아가고 역사는 옹고집처럼 굳어지고 있다고 한다.

중국발 황사만이 유일하게 세상을 살아있게 한다는 소식이다.

휘어진 회랑의 유리지붕 위로 떨어지는 빗소리를 들으며 오래 방치해두었던 이번 생을 한 번도 틀린 적 없는 시계처럼 돌아가게 해보고 싶어지기도 하는 것이다.

날만 궂으면 삐걱거리는 뼈의 기상 안내를 받으며 나도 한 번은 잘 맞추어진 뼈대 있는 삶을 살아보고 싶은 것이다.

비 날씨에 물컹해지고 싱거워진 귤의 똥값이 좀처럼 올라가지 않고 있다는 소식이다.

이 모든 것은 비 날씨에 의해 전해지고 있는 소식이다.

뜬구름 잡는 뭍 소식들을 아직은 용서할 수 없는 언 감정을 가지고 있지만 남쪽은 원래 따뜻한 곳이다.

애인 2

안녕.
그럼, 안녕하고말고.

눈썹을 뽑던 버릇이 아직도 남았어.
한 번도 쉼표를 찍은 적 없어.

삼다수에 된장 한 숟가락을 풀고
흰 밥을 말아 후루룩 마셨어.

자궁도 없으면서
아이를 낳은 것처럼 훗배앓이를 해.

시린 날들이 지나가고 있어.
너의 이름이라도 알려줄래?

제3부

와유

사랑스러운 날씨를 창문 너머로 보는 것처럼

바닥에 나를 펼쳐놓고 반쯤 누워 내다본다. 창밖은
여러 시점에 걸쳐 물기를 머금고 한쪽에서 새 생명이 피어오를 때 다른 한쪽에서는 생명이 사그라든다.

늘 그렇듯이

마치 옷의 단추 채우는 것만큼이나 수월하게 잘 고른 몇 개의 선만으로 공간을 가득 채운 풍경. 환영처럼 젖은 나뭇가지의 꽃잎들.*

볼수록 수수께끼인 창밖 풍경.

그러나 고정된 시선으로 내다보는 것일 뿐.

---

* 에즈라 파운드.

첫
—지구의 살을 닮은 말

낭만의 암호로 오역하다 머릿속 종이 울린 적 있다. 우수수 내가 들꽃처럼 피어났다 진 날만큼 그냥 꽃들이 보기에 좋았다고 중얼거리며.

대부분의 너를 쓰지도 읽지도 않았다. 멀리서 흔들리는 만장처럼 첫 겨울과 친해지기까지 부풀어 오른 온갖 색들을 계절의 갈피에 묻어두었다. 입술을 깨물었을 때처럼 붉게.

눈 위에 꾹 눌러놓은 듯 꽃 진 자리 텅 비었을 때 축축한 이야기로 스며 번졌다. 그러면 첫눈은 그런 비릿함을 버리지 않고 첫정으로 간직한 채 혹독한 겨울을 견뎌냈다. 오래전과 오늘과 오버랩되면서.

환영처럼 우수수 네가 흩날려 올 때 대부분의 내가 적막해지고 대부분의 우리는 아직 지구에서 살고 있다. 36.5°의 시간을 간직한 채.

야설(夜說) 같은 그런 느낌으로.

분명하지만 왜소하고 낯설기만 한 오늘이 불현듯 솟구쳐 오를 때 코끝이 간질간질해지는 말에 대한 기록이다.

삽화

하늘에 빈자리가 생겼다. 그 후
구름과 바람과 비와 번개와 별과 달과 해와 같이 살던 새 한 마리가 없어졌다. 하나의 공백은 그렇게 시작했다.

가끔은 땅에 있다 오기도 했기 때문에 잠들기 전엔 없으리라 믿었다.

흰 눈 가득한 겨울이었고
별의 눈을 가진 새는 발끝에 맞닥뜨린 물고기들을 잡아 올리곤 했다. 바람을 닮은 날개로 새는 언제나 어제처럼 오래된 길로 돌아왔다.

새는 버릇처럼 하늘에 한 점을 찍고 날아갔을 뿐인데 점점 새의 빈자리는 태양처럼 동그랗고 붉게 커졌다.

뻔히 저기 있는 걸 알았으나 아득하게 사라진 새는 없는 날을 만나 돌아오지 않았다.

날카로운 얼음에 발이 베일 때면

밤이면 밤마다 내게 없는 나를 안고 자고 새벽을 시작할 때도 내게 없는 나를 안고 일어났다.

그때마다 새는 더 몰래 날아올라 돌아오지 않을 궁리를 했다. 그러면 나는 얼음을 깨트리며 모든 공백에 대해 다시 쓰기 시작했다.

꽃은 꽃이었을 때 지기 시작한다

모든 것의 시작은 코피였다.
원인불명의 코피는 목구멍을 타고 비릿하게 흘렀다.

적당히 붉은 저, 붉은
꽃이 노동을 끝내고 낙화하고 있다.

작게 말아 든 하얀 티슈 한 장에 의지해
네가 지는 것을 나는 여러 번 보았다.
여기저기 붉은 기침이 얼룩지고 있다.
온갖 노동에서 파생된 이 붉은 언어는
잊혔던 기억과 상처를 재생하는 힘을 가지고 있다.

우리 동네에만 있는 줄 알았던 근린공원이
전국적이었다는 걸 알았을 때처럼
나의 추억이 그저 그렇다는 걸 알았을 때
나는 공항의 인파 속에서 눈을 질끈 감는 게 다였다.

오늘 나는 오래도록 너를,

화장대 위에 붉게 핀 꽃을,
한 잎처럼 돌돌 말아 끝나지 않는 끝을 기다리고 있다.

바닥에 이르려면 멀었다는 걸 깨닫는 순간
지상에서 가장 붉게 핀 꽃 하나.

향설해*

계절을 회전하고 회전하던 계절은 지구상에 아이와 엄마를 뒤섞어놓는다.

셀 수도 없는 매화가 지천으로 눈[雪]을 흘리며 떨어진다. 이 많은 상징들은 어디쯤 먼 곳에 있다 어디쯤 먼 곳에서 나타나는 것일까.

가령, 태어난 지 얼마 안 되는 매화가 어린아이처럼 엄마의 젖가슴을 파고들 때 인간은 완성되는 것이라면 연속해서 화두를 던지듯 매화는 매화로서 확장해나가는 것인데.

간혹 별같이 총총한 향설해를 헤치고 아이처럼 붉은 옷을 입고서 떨어지는 동백을 보는 오늘 우리는 우리로부터 멀어지고 있다.

범하기 쉬운 상투적인 상징으로서 동백을 읽지는 말자. 몰라서 걸어온 길 알고는 다시는 못 가는 꽃길처럼** 봄의 특혜를 받아든 우리는 지금 우리로부터 먼 곳으로 걸어가는 중이다.

내 발밑이 한철로 피어 보고지고 보고지고.

---

*향설해: 향기로운 눈의 바다. 하얀 매화가 지천으로 피어 있는 것을 가리키는 관용구.

**가요 '꽃길' 가사 인용.

얼음

얼음은 녹지 않으려는 오랜 습성을 지녔다

얼음 틀을 다 비틀기도 전에 얼음은 기어코 튀어져 나왔다

우리는 몸을 일으켜 얼음을 움켜쥐었다

얼음은 육십갑자는 더 얼어야 한다고 했다

오래도록 얼음을 움켜쥐었다가

투명한 물이 될 때까지 핥아주었다

한 얼음이 한 얼음을 위해 그러는 것처럼*

우리는 기다려주기로 했다

그 후에 각자의 집으로 돌아가면 되었다

보이지 않은 기억은 계절을 입고 얼음이 되었다

우리는 각자의 두꺼운 외투를 꺼내 입었다

학습된 편견으로 얼음은 굳어졌다

그럴수록 얼음을 깨물어 먹는 이들이 많아졌다

깨물어 먹는다는 것이 이제 우리의 오래된 습관이 되었다

때론 팽팽히 켕겨진 편견은 깨물기 어렵다

그럴 때 우리는 다음에, 라고 말하면 되었다

---

*이상, 「꽃나무」 중에서 '한 꽃나무가 한 꽃나무를 위해 그러는 것처럼' 변용함.

커리큘럼

젖은 눈곱을 떼어내며 하늘을 본다.

무서우리만치 타는 해를 물고 날던 까마귀가 연못 속으로 해를 던져놓자, 연못이 크게 놀라 해를 받아내지 못하고 토해버린다. 연꽃들이 부르르 타오른다.

느릿하게 지나가는 여름, 송골송골 올라오는 땀을 닦으며 몇 년 혹은 몇십 년 동안 잃어버린 것들을 나열해본다.

결코 뜨겁지 않았지만 뜨겁던 시간
애초에 추억이 없었던 누추한 공간
아직 하지 않은 말처럼 떠벌려진 사람

오뉴월 햇볕의 목마름이 날카롭다. 적막이 쩍— 다 익은 수박처럼 급하게 갈라진다. 잃어버린 것들의 일정한 차이를 맞추는 데 필요한 울음이 희생처럼 느껴지지 않는다. 유목민으로 산다는 건 반쪽으로도 살 수 있다는 것.

잃어버린 것들이 울며 연못 속으로 사라진다. 죽음 같던 잉

어들이 날름 받아먹는다. 저 아귀 같은 입을 쩍— 벌려서 농밀한 물을 아가미로 흘려보낸다.

의문을 가져볼 즈음, 페스트 같은 천둥이 쳤다. 급격히 팽창된 몇 만°C의 공기 속에서 정확히 5초 뒤에 반쪽자리 사랑을 떼어내듯 젖은 눈곱을 떼어내며 하늘을 본다. 마냥 공허하던 연꽃이 비로소 달처럼 아련해진다.

보렴(報念)

오늘 하루 아지랑이처럼 봄볕이 번지고 있었고, 벚꽃잎이 날리는 나무 아래를 몇 번은 감아올렸을 교복 치마를 입은 여학생이 지나가고 있었어.

연분홍으로 물든 거리에선
젊은이와 귀먹은 노인의 교차만큼 다가갈 수 있는 공간이 생기기도 했어. 만오천 원 하는 철쭉을 살까 망설이다 돌아서는데, 이것이 마지막이라는 장사치의 목소리가 따갑게 스치기도 했어.

화사함을 과감하게 내려놓은 아지랑이 위로 보렴 보렴 보렴 떨어지는 꽃잎을 손에 받아지녀 읽고 외고 그내되어* 말이야.

연분홍 연분홍 연분홍 거리 거리 거리에서 물들어 한나절을 보냈어.

---

* 옛 불교 음악의 노랫말.

몽타주

누군가의 손에서
타인의 욕망에 부합되는 얼굴을 가지게 될 때

수없이 쌓인 주름은
아픈 것을 보고 더 슬퍼할 줄 안다는 증거다

4B 연필의 뾰족한 끝이 주름을 파고든다

그리고 다시 어두워지기 전의 표정으로 버려지는
지우개 똥 같은 얼굴의 윤곽들

사과를 잘 깨물 것 같은 이는 보이지 않고
사과 씨가 발끝에서 어둠으로 튀어 오른다

타인의 긴 호흡에 밀려난 얼굴들은
어떤 형태로든 우리 곁에 머물고 싶었을 것이다

얼굴은 지워지면서 어느새 주변에서 완성된다

이쑤시개 받아가세요

이쑤시개로 말하자면 산 넘고 바다 건너온 것으로서 완벽하게 다듬은 기계(器界)*의 작품이랍니다.

다시 두꺼워진다거나 광합성을 할 잎은 없을 것입니다.

숨구멍 확 열어젖힌 채 민낯을 드러낸다는 게 얼마나 힘든 겁니까.

이빨 사이에 낀 이물질을 한 점 부끄러움 없게 처리해주는 일이 어디 쉬운가요.

이쑤시개가 되기 이전의 자신을 깊은 안개 속에 심어두고 온 것이 불안해서 발끝으로 뾰족하게 서 있는 것입니다.

세월의 극세사 무늬가 서글픈 훈장처럼 맨몸을 휘감고 있다는 것이 마치 우주를 품은 방식 같기도 합니다.

혹 나무는 발가락을 꿈틀거리며 걷고 싶어 했는지도 모릅니다.

안개가 피어 휘감기 직전 깊은 숲속 나무를 삼켰다는 설이 있습니다.

뚜욱 부러지는 나무의 몸속에서 말이죠.

---

*기계(器界): 우리가 머물러 살고 있는 산하, 대지 따위의 세계를 의미하는 불교 용어.

작약

몸살이 난 후
새빨간 꽃잎이 지는 꿈을 꾸었다

가구를 옮기던 스물여덟 너의 뒷모습
지는 꽃잎 쪽으로 한쪽 어깨가 처져 있다

스스로가 전체인 꽃들은
그저 완벽해 보이는 상(像)일 뿐

나의 상은 가시로 변해
서로에게 할퀴듯 날카롭다

몸살을 앓은 후
뱀이 허물 벗는 꿈을 꾸었다

똬리를 튼 채 말라버린 한 줌 허물처럼
우리는 내쳐진 가구가 된 지 오래다

다년생처럼 너의 스물여덟의 유월은 매년 온다

오직 칠일 동안 지랄 맞게 피었다가
지랄 맞게 지면서도

위해(危害)

꽃잎은 쌓이고
허공에 던져진 두 손은 어찌할 줄 모르고

철 지난 바닷바람에 유채꽃 시들고 노란색 보고 침이 고이면 위가 안 좋은 거라던데 바람이 고래같이 울고 고래 울음을 가진 시든 꽃잎이 뱃속 깊숙이 가둬둔 고릿적 고래의 울음을 같이 울고 고래는 오로지 쓴맛만 느낄 수 있다는데 태어나 죽고 죽고 죽고 먹고 똥도 싸고 주머니에 넣어진 손처럼 소화되지 못하고 뿜어져 나온 울음의 썩은 냄새를 끝없이 기억하고 유채 꽃잎 시들어버린 겨울날 연밥정식 집에서 본 TV에선 30년 동안 내리 작살 만들기만 해서 달인이 되었다는 어느 대장장이의 작살이 벌겋게 벌겋고 벌겋고 최초의 대화와 최초의 몸짓으로 연결된 이것이 그리운 님인지 아름다운 꿈인지 고릿적부터 뱃속에서 죽었던 고래를 위해 반찬으로 나온 유채를 꼭꼭 씹어 먹고 더운 연잎 벗길 때 저 멀리 철 지난 바다를 쳐다보며 새벽은 오고 이 모든 것의 한 공명통인 노란 꽃은 지고 지고 지고

버닝

창문 밖에서 마지막 한 잎처럼 밤이 흔들린다.
너무 쉽게 어두워진 것에 대해 화가 나 있다.
먼저 당도한 낮에서 아직 빠져나가지 못한 밤은
망망한 바다의 물보라처럼 되살아난다.
화가 쉽게 가라앉지 않자, 밤은
먼 곳의 개 짖는 소리를 끌어다가 문 밖에 놓았다.
밤새 목이 쉰 개를 뒤로하고 가로등이 꺼지자
아우성치듯 아침이 차올랐다.
아침은 언제나 매력적이라 거부할 수 없다.

문 밖에서 일회용 아침이 서성인다.
땅을 디딘 무게만큼 언제나 분주하다.
낮 동안 꾸미는 얼굴을 하고 있어도 마음을 들키고 만다.
칸칸이 포개져 오는 팔월의 햇볕을 덮고
급하게 뜨거워진 세상은 딴전 피우며 깊어 간다.
하루하루, 그러다가 가끔 화가 날 땐
먼 곳의 개 짖는 소릴 끌어다가 짖어보기도 하면서.
밀린 고지서처럼 밤은 다시 찾아온다.

목소리

오늘은 상추쌈 한입 가득 먹고
낯선 어깨에 기대어 춤을 추기 좋은 날.

우리는 알고 있지 않은가.

때론 최후의 순간에
패배하고
납작하게 부서지고
영혼을 의심한다는 것은
광신자의 요란한 얼굴이라는 것을.

멸종한 불사의 존재에
복종시키는 것은
오래된 고질의 하나.

좀체 벗어나지 못하는 한계란
토막 난 뒤에야 요동치는 장어나
발에 차여야 흩날리는 민들레 씨앗들처럼

요란한 침묵과 현란한 몸짓 대신
죽기 좋은 맑은 날을 찾는 것임을.

이성과 날개를 합친다는 것은
언제나 지구를 한 바퀴 도는 것과 같다는 것을.

아무 어깨나 기대고 싶어 한다는 것은
보편적 고통이
신트림을 뱉어내며
언제나 태양은 다시 뜬다는 것.

푸르른 날 들판에 서서
두 눈이 깜깜해진다는 것은
얼마나 불온한 일인가.

노란 민들레의 생애는 발로 차였을 때야 비로소 시작된다.

해바라기

사과향이 나는 가을
행간 사이를 지나 행간 밖으로 달린다.

가장 낮은 곳에서 높은 곳까지
단어와 단어 사이에서 돌아다닌다.

발에 닿는 땅의 느낌이 머리까지 닿도록 점점
눕는다. 은폐된 무의식처럼.

언제나 기분과 상관없이
노란 꽃잎 끝에 매달린 햇살의 눈부심처럼.

땅속이 요란하다.
뭉텅 피어난 해바라기들 여전히 옆으로 눕는다.

정도의 차이 어디쯤
세상 구석 어디쯤에
뭉텅 떨어져

혀를 닮은 행간
환한 햇살로 나오는 공백 같은 단어 사이에서
시간에 휘둘리지 않을 방법을 찾고 있다.

들여다볼 수 있는 틈
들어볼 수 있는 틈 너머로 흙이 부푼다.

off/on

익숙함 속에서 익숙하지 않게
헤어진 우리는 고아 같다.

달팽이처럼
점액질을 주변에 새겨 넣는 게 일이다.

장마철 소우주의 실체를 보고 되새겨진
오래된 추억에 멀미를 한다.

길을 가다 마주친 사람처럼 우리 마음이
스쳐 지나갈 때 오래된 바람은 뒤에서 온다.

작년까지 벽시계에 살고 있던 작은 새는
올해는 죽고 없다.

새는 먼 곳으로 날아갔다.

짧은 소문은 자잘한 입담으로 해석되지 않고

오늘의 우리 뱃속을 꽉 채운다.

닿지 않는 바람을 향해 팔 뻗게 된 오늘이 재미있는 이유다.

바람 속에서 지구가 멈춰지고
소우주가 하늘에서 비처럼 내리고
마음에 닿은 오래된 예언에 몸이 우글거리고

고장 난 벽시계에서 작은 새는 죽었지만
그 바람이 어디로 불던지
우리는 꿈을 꿔야 한다.
추억과 추억 속에 더 작은 새가 날아든다.

장마철 습기처럼
우리는 스스로 고아 증후군을 앓는다.

NGC 5252*

왼쪽으로 기울기 위해서는 3억 광년의 날갯짓이 필요해.

누워 천장을 보네. 지구가 과언으로 매달려 있는데, 매일 뒤채던 밤은 서로 친친 감고 있는 어둠 이후의 지구 혹은 지구 이후의 어둠을 보여주었으므로, 나는 알게 되었네.

우수수 질문하는 지구가 지나가고, 그 뒤를 침묵하는 어둠이 지나가네. 정해진 호흡과 냄새를 따라가는 개미들처럼, 하얀 손으로 눈을 감싼 채 당신이 지나갈 때 나는 알아차렸네. 수없이 번개처럼 스치던 히치하이커들이 버린 광주리처럼, 모래시계의 떨어지는 모래처럼, 미스테리하게 실종되고 있다는 것을.

끓어 넘치는 마음의 흰 쌀죽을 흘리며 하하 웃으면, 수없이 부딪친 지난밤이 단단한 경계를 벗어나고, 우리의 마음은 조용히 일치되고 만다는 것을. 더는 철없는 명분으로 홀연히 머무를 수 없네. 이제는 잊을 수 없다는 사실을 아네.

친친 감긴 채 천장에 매달려 이제는 눈도 없어지고, 귀도 없어진 어둠에서 감당할 수 없는 시간의 날갯짓으로 3억 광년이나 멀어졌네. 하지만 우리는 잊은 것을 잊고 지금도 동행 중인지 무섭게 수수께끼를 푸네. 담벼락에서 처진 별들이 왼쪽으로 기울어 호젓이 빛나고 있네.

* 지구에서 3억 광년 떨어져 있는 처녀자리 블랙홀.

자유차기

내가 발로 차자 자유가 하나에서 둘로 셋으로 날아갔다. 갈테면 가라지 하면서도 서둘러 둘레를 재고 크기를 쟀다. 고국의 가장 아름다운 언어로 툭 던지듯 그저 웃음만 나올 수 있게. 사라져 가는 모든 언어 일체는 비유에 지나지 않았으며 난체하지 않는 것이 조건이다. 길가에 아무렇게나 핀 민들레를 발로 찬 순간 자유는 짙어졌다. 더는 땅에 선 채로 흔들리지 않았다. 강남 갔던 제비가 어느새 둥지에서 알을 품었다. 태양은 보살처럼 웃었고, 항상 돌아오는 민들레 씨앗들과 다시는 돌아오지 않는 제비들은 그저 자기들 방식의 원점으로 돌아가면 되었다. 자유가 주춤거리는 사이에도 시간은 지구의 주기에 맞게 돌아갔다. 퇴근하고 오는 내내 땀으로 범벅이 된 나만 다시 돌아올 수 없는 그날을 다시 걸었다.

해설

찾기 혹은 되기의 먼 길

—안은주 시집 『오류의 정원』 읽기

오민석(문학평론가 · 단국대 교수)

1.

1871년 5월 13일과 15일, 당시 고등학교 중퇴생이었던 열여섯 살의 랭보(A. Rimbaud)는 각각 자신의 스승이었던 이장바르와 친구인 드메니에게 편지를 보낸다. 이 편지들 속에 랭보의 그 유명한 "견자(見者 Seer)"론이 압축되어 있다. 랭보는 먼저 이장바르에게 보낸 편지에서 시인은 견자가 되어야 하며 이것은 결국 "모든 감각들을 교란시켜 미지의 것(the unknown)에 도달하는 문제"라고 주장한다. 이틀 후 드메니에게 보낸 편지를 꼼꼼히 읽어보면, 랭보는 이 "미지의 것"에 도달하기 위해 시인이 가장 먼저 할 일이 "자신에 대해 정확히 아는 것"이라고 말하고 있다. 견자가 되기 위해 "시인은 자신을 탐구하고, 자기 안에 있는 모든 독소들을 소진시켜 정수(精髓)들만을 유지한다"는 것이 랭보의 견해이다. 결국 랭보에게 있어서 "미지의 것"이 시인이 도달해야 할 최종의 목표라면, '자신에 대한 정확한 지식'은 그 출발점인 것이다. 랭보에 의하면 시인들은 "말할 수 없는 고문(拷問)"을 감내하며 '자신'에게서 출발해 '미지의 것'을 '보는' "위대한 환자"이자, "위대한 범죄자"이며 "저주받은 자"이고 "최고의 학자"이다.

안은주의 시 속에서 날것의 일상을 만나기는 어렵다. "부르주아적인 삶이란 사사로운 일들의 체제"라는 벤야민(W. Benjamin)의 말이 옳다면, 안은주의 세계는 "사사로운 일들"에서 멀리 벗어나 있다는 점에서 "부르주아적인 삶"이 아니다. 안은주의 세계 속에서 일상은 삶의 "정수"가 아니라 파편 혹은 현상이다. 그는 일상의 표피성을 잡아 째고 해체하면서 그 자리를 무수한 상징과 비유의 파편으로 채운다. 그는 쉽게 자아와 대상을 규정하지 않으며 끊임없이 해체하고 '탐구'한다. 이런 점에서 그는 "견자"이고 "학자"이다.

> 정작 멈추지 않는다. 어둠의 수많은 바람은.
>
> 이곳은 오류의 정원
>
> 빈틈이 많은 돌담을 따라가면 돼. 한 아름 독백을 생산

하던 날처럼 나는 변절하고 싶어. (……) 새들은 날개가 있는데도 왜 섬을 떠나지 않을까. (……) 나를 찾아서 지구의 비루한 여행자가 될 거야. 좀 더 나를 일찍 읽어내길 바라. 바다는 한참을 비관적이더니 메아리도 없이 고요해. (……) 그런데 바람은 왜 광기를 부리듯 나를 휘감아 소용돌이칠까. (……) 끊임없이 날 휘감아 도는 바람에 나는 즐거운 실어증을 앓고 있어.

―「오류의 정원」 부분

표제작인 이 작품은 '주체'와 그 외곽을 감싸고 있는 '세계'에 대하여 언급하고 있다. 그에게 있어서 세계는 "어둠의 수많은 바람"이므로 그 자체 규정 불가능한 것이다. 세계는 그 자체 "오류의 정원"이며 모순의 에너지이고 변용의 힘이다. 그것은 마치 "광기를 부리듯" 주체를 끊임없이 "휘감아 소용돌이"친다. 끊임없는 변용과 그 자체로 '되기(becoming)'의 과정 속에 있는 세계와 더불어 주체 역시 규정 불가능한 '유체(flux)'의 상태로 존재한다. "나는 변절하고 싶어"라는 고백은, 규정을 거부하는, 끝없는 되기의 과정 속에 있는 주체에 대한 자각 혹은 욕망의 표현이다. (바로 이어지는) "새들은 날개가 있는데도 왜 섬을 떠나지 않을까"라는 문장이 이 같은 해석을 정당하게 해준다. "즐거운 실어증"은 유동(流動)의 과정 속에 있는 세계에 대한 주체의 화답이고 찬가이다.

주체는 규정 불가능한 세계와 자신에 대해 말하지만, 그것들은 '실수'일 가능성이 크다. 유동의 주체가 유동의 세계를 규정하는 순간, 모든 말은 "실어(失語)", 즉 '잘못 말함'이 되기 때문이다. 안은주의 시적 주체는 이렇게 자신과 세계를 탈영토화(deterritorialization)의 지평 위에 올려놓고 무수한 탈주선(line of flight)을 따라 끊임없이 미끄러진다. 그의 텍스트들은 독자들이 그것을 이해했다고 생각하는 순간 이미 다른 이해의 지평으로 넘어간다. 그러나 '탈주' 자체가 그의 시의 목표라고 생각하면 그것은 큰 오산이다. 그에게 있어서 탈주와 해체는 목표가 아니라 '찾기'와 '되기'의 과정, 변용의 세계를 '바라보는 자(견자)'의 (성실한) 탐구이다.

이 행위는 먼저 해방적이어야 한다

연이 날아가 버린다. 수많은 연이 끝없이 날아가 버린다. 지금 연을 해방시킨 저 손은 누구인가.

풍경에서마저 탈선한, 오늘을 돌파한, 저 멀리 혼자 날기 시작한 꿈을 꾸고 있는 연과 나.

(……)

풍경 속으로 사라진 연의 뒤를 쫓는 내가 무성하다.

—「연을 날리다」 부분

연은 왜 날아가고 누가 그것을 왜 "해방"시키는가. "연과 나"는 왜 "풍경에서마저 탈선"하고 "오늘을 돌파"하며 "저 멀리 혼자" 날아가는가. 그 대답은 인용문의 마지막 문장에 있다. 경계를 넘고 범주를 깨며 끊임없이 탈주할 때 주체가 (의미론적으로) "무성"해지기 때문이다. "연과 나"는 고정된 영토를 넘어 끊임없이 탈주하며 "미지의 것"을 향해 간다. 그 미지의 것은 주체에게 있어서는 '찾기'의 대상이며, 자신은 '되기'의 과정 속에 있는 그 무엇이다. (안은주의) 주체는 스스로 되기의 과정에 몸을 던지며 끊임없이 미지의 것을 찾아가는 견자이다.

2.

그러므로 안은주의 '찾기'와 '되기'는 양방향이다. 하나는 자기 찾기와 되기이고, 다른 하나는 미지의 것에 도달하는 것이다. 가령 "오전에서 오후로 넘어가는 동안 나는 그렇게 늙었지"(「괜찮아—온갖 생각의 일대기」)라는 고백은 시간의 탈주선 위에 있는 자신의 모습을 그리고 있다. 그것은 두 시간의 단위(오전과 오후) 사이에서 움직이고 있으므로 멈춰선 점(點)이 아니라 유동의 선 위에 있다. 그의 시들은 이렇게 움직이고 있는 '나(주체)'에 대한 지속적인 탐구이다.

> 시간의 변절을 용서하지 못한 채
> 나는 위로받기로 한다.
>
> (……)
>
> 시간 속에 살 수 없음을 안다
> 가장 멀리 있는 우주에서
> 말로 프런티어를 할 수 있을까
>
> 나는 지금 횡단 중이다
>
> —「묘묘(渺渺)」 부분

시간 위의 움직임은 결국 죽음의 터미널을 향해 있으므로 그는 시간 위에서는 "살 수 없음을 안다"고 말한다. 그는 시간 너머 "가장 멀리 있는 우주에서/말로 프런티어를" 개척하기를 희망한다. 이것을 번역하면 결국 '시로 미지의 것을 찾겠다'는 것에 다름 아니다. 그는 그 궁극의 것을 찾아 "지금 횡단 중이다". 그러나 주체의 모든 "횡단"에 정해진 루트는 없다. 그것의 정체성은 움직임 자체이다. 그러므로 주체에 대한 탐구는 규정할 수 없는 자신을 겪으며 관통하는 것이다.

나는 여전히 섬에 살고 있네. 추스르고, 웅크려 앉으며,
자주 기억이 잊히고, 없어지기를, 부재하기를 원하네.

(……)

들리지 않는 목소리를 들으려 했을 때 늘 그래왔듯이
내 얼굴은 안개에 갇힌 섬이 되었네. 너희들이 없는 사이
한 치 앞도 안 보이는 안개 속에서 꽃의 언어로 지는 소리
를 들었네.

—「유학」 부분

여기에서 "자주 기억이 잊히고, 없어지기를, 부재하기를 원"한다는 것은, 규정됨, 즉 "섬"에 갇히기를 거부하는 주체의 내면을 잘 보여준다. 그의 주체는 스스로 규정할 수 없는 것이 되어 스스로를 들여다보며 미지의 것을 찾아가는 유목민적 존재이다. "들리지 않는 목소리"는 저 멀리 있는 마지막의 것, 즉 (랭보적 의미의) 미지의 것이며, 그것을 들으려 할 때 주체는 다시 "안개"의 모습이 된다. 그의 시들은 이 안개 속에서 "꽃의 언어로 지는 소리"이다.

안은주는 규범 혹은 통념에 의해 규정된 주체를 해체함으로써 그것을 '되기', 즉 변용의 상태로 열어놓는다. 안은주의 시에서 자주 반복되는 다음과 같은 표현들을 보라. "머리카

락이 떨어진다"(「가을」), "손가락들만 사라져"(「그대—자구리에서」), "팔다리가 잘려나가거나 접붙여질 때마다"(「홋!」), "눈도 없어지고, 귀도 없어진"(「NGC 5252」), "눈썹을 뽑던"(「애인 2」), "눈썹을 뽑는"(「애인 1」), "뭔가를 자꾸 잃어버리고", "무언가가 자꾸 사라지고"(「나의 정인」). 이런 구절들은 모두 통합된 형상으로서의 게슈탈트(Gestalt)들이 해체되고 부서지는 풍경들과 관계되어 있다. 그는 고정된 코기토(cogito)를 인정하지 않는다는 점에서 '탈근대적'이며, 유체 혹은 액체적 주체를 설정한다는 점에서 '포스트구조주의적'이다. 위에 열거한 표현들은 들뢰즈의 개념을 빌자면 하나같이 '기관 없는 신체'로 가는 과정을 그리고 있다. 눈도, 귀도, 팔다리도, 손도, 손가락도, 눈썹도, 머리카락도 사라진 신체야말로 기관 없는 신체가 아니고 무엇인가. 기관 없는 신체는 기관이 없으므로 규정할 수 없는 신체이며, 동시에 무엇이든 '될' 수 있는 신체이다. "물이 물로 채워지고 물이 물에서 없어지는 광경"(「하프타임」)이야말로 끝없는 되기의 과정에 있는 주체, 기관 없는 신체의 정확한 풍경이다.

> 너 이후의 너로 인해,
> 나는 들려 있다.
> 나는 꺼내져 있다.
> 나는 밤 속으로 펼쳐져 있다.

—「여름의 끝」 부분

안은주의 시적 주체는 불확정성("밤 속")으로 "들려 있"고, "꺼내져 있"으며, "펼쳐져 있"는 존재이다. 그것은 고원과 고원을 지나 끝없이 탈주하며 다른 무엇이 '되어' 간다.

3.

앞에서 언급했지만 안은주에게 있어서 유동적인 것은 주체와 세계 양쪽이다. 그것들은 서로의 고체성을 허물면서 서로를 '흐름' 속에 밀어 넣는다. 고체가 깨어질 때 공백이 생기고 공백은 새로운 주체와 세계를 만드는 강밀도(intensity)가 된다. 그것들은 마치 리좀(rhizome)처럼 수많은 실뿌리—고원들을 만들며 움직인다. 그에게 있어서 주체와 세계는 아메바 같은 형태변용—기계(metamorphosis–machine)이다. 그것은 어느 것에도 포획되지 않는 바람처럼 규범과 공리의 망을 새어나간다.

날카로운 얼음에 발이 베일 때면

밤이면 밤마다 내게 없는 나를 안고 자고 새벽을 시작할 때도 내게 없는 나를 안고 일어났다.

그때마다 새는 더 몰래 날아올라 돌아오지 않을 궁리를 했다. 그러면 나는 얼음을 깨뜨리며 모든 공백에 대해 다시 쓰기 시작했다.

—「삽화」 부분

주체에게 상처를 입히는 것은 고체성의 세계, "날카로운 얼음"의 세계이다. 도구화된 이성(理性), 독점된 진리, 구획과 규정(얼음)의 칼날에 상처를 입지 않기 위하여, 주체는 스스로를 액체성의 존재로 만든다. 주체는 "내게 없는 나"를 끊임없이 만들어냄으로써 모든 고체성의 논리, 동일성의 논리에 도전한다. 젠더, 인종, 권력, 국가주의 등 모든 폭력의 망에서 벗어나기 위해서 안은주의 주체는 고체성을 "깨뜨리며" 그것들에 구멍을 낸다. 안은주의 시들은 그렇게 "얼음을 깨뜨리며" 만든 "모든 공백"의 신호들이다. 그것은 마치 본문의 권위를 갉아먹는 "삽화"처럼, 그리하여 "삽화"와 본문의 위계를 무너뜨리는 행위처럼 해체적이다.

내 방은 생각들이 흰 종이로 날아다니는
기괴하게 변한 섬뜩한 얼굴
(……)
나에서 나로
다시 나에서 나로 흩어진

출렁거리는

젖은 숟가락

—「거울 속의 history」 부분

"기괴하게 변한 섬뜩한 얼굴"이야말로 형태변용–기계가 아니고 무엇인가. 그것은 액체의 상태에서 계속 "출렁거리"며 스스로를 끊임없이 흩뿌리는("흩어진") 산종(散種 dissemination)의 주체이다.

노트에 까맣게 새들을 뿌린다. 새들이 각자의 날개로 날아가 안착한다. (……) 때론 강렬하게 새들이 유령처럼 사라지기도 했다. (……) 하나의 궁극적인 시작처럼 새들을 다시 노트에 뿌린다.

—「노동요—파종」 부분

안은주의 글쓰기("노동")는 이렇게 의미소들을 산종시키는 작업이다. 게다가 그 의미소들은 새들의 날개를 갖고 있다. 그것은 경계를 부수고 해체하면서 수많은 갈래—뿌리들을 만든다. 새들이 "안착"한 자리에서 의미들이 생겨나고, 그것들이 "유령처럼 사라지"는 자리에서 의미들이 사라진다. 그럴 때마다 "새들을 다시 노트"에 흩뿌리는 것이 안은주의 글쓰기이다. 새들은 안은주의 텍스트에서 끊임없이 안착과 사라짐을 반복한다.

4.

안은주의 시적 주체가 궁극적으로 찾는 것은 '미지의 것'이다. 미지의 것이란 감각과 이성 너머에 있는 궁극의 것, 마지막의 것을 말한다. 랭보가 "모든 감각을 교란시켜" 도달하고자 한 것도 '미지의 것'이었다. 미지의 것은 모든 감각과 개념 너머에 있는 것이되 '알 수 없는 것, 알려지지 않은 어떤 것'을 가리킨다. 알 수 없는 것이므로 그것은 존재하되 궁극적으로 가닿을 수 없는 것이기도 하다.

불변한 목소리가 나를 나른다.

나는 어디로든 가야 한다.

(……)

나는 어디를 갔다 왔을까

(……)

섬에서 길을 헤맨다

—「거리에서」 부분

안은주에게 미지의 것은 "불변"의 것이기도 하다. 그것은 그 어떤 것으로도 규정되지 않지만, 감각 너머, 사유 너머에 유일하고도 절대적인 형식으로 존재한다. 견자는 의미의 새떼들을 흩뿌리며 그것에게 다가간다.

새는 먼 곳으로 날아갔다.

(……)

닿지 않는 바람을 향해 팔을 뻗게 된 오늘이 재미있는 이유다.

(……)

그 바람이 어디로 불던지
우리는 꿈을 꿔야 한다.

—「off/on」 부분

중요한 것은 그것에 가닿을 수 없다는 것("닿지 않는 바람")

이다. 미지의 것은 마치 라캉의 실재계(the Real)처럼 언어와 감각 너머에서 주체들을 호출한다. 그러나 언어의 감옥에 갇힌 주체들은 분열된 기호(sign)를 통해 그것에 다가갈 수 없다. 주체가 가까이 다가간 만큼 그것은 다시 먼 거리로 사라진다. 주체는 그것에 오로지 점근선(漸近線)적(asymptotically)으로만 접근할 수 있을 뿐이다. 주체는 미지의 실재계 아래에서 계속 미끄러진다.

> 숨은 것들이
> 숨겨진 것들 위로 포개진다
>
> 존재했던 자신의 흔적을 찾아 떠도는 유령처럼
>
> 불변자여 이유가 뭡니까
>
> (……)
>
> 불변자여
> 얼마큼 오셨습니까
>
> ―「사랑했던 기억만으로」 부분

"불변자"는 기호 안에 오로지 "흔적"으로만 존재한다. 기호로 불변의 실재계를 추구할수록 "숨은 것들", "숨겨진 것들"이 더욱 많이 생겨난다. 말하자면 기호의 주체들은 찾을 수 없는 것을 찾으며, 닿을 수 없는 것에 가닿으려는 자들이다. 랭보가 시인들을 "위대한 환자"이자, "위대한 범죄자"이며 "저주받은 자"이고 "최고의 학자"라고 정의한 이유가 바로 이것이다. 시인은 닿을 수 없는 것을 향하여 의미의 새떼들을 끊임없이 날리며 이렇게 묻는다. "불변자여/얼마큼 오셨습니까".

이 도서의 국립중앙도서관 출판시도서목록(CIP)은 서지정보유통지원시스템 홈페이지(http://seoji.nl.go.kr)와 국가자료공동목록시스템(http://www.nl.go.kr/kolisnet)에서 이용하실 수 있습니다.(CIP제어번호: CIP2018025928)

시인동네 시인선 094

오류의 정원

초판 1쇄 인쇄 2018년 8월 20일
초판 1쇄 발행 2018년 8월 27일
지은이 안은주
펴낸이 고영
책임편집 서윤후
디자인 헤이존
펴낸곳 문학의전당
출판등록 제2017-000002호
주소 서울시 마포구 마포대로 11길 91, 3층
전화 02-852-1977 팩스 02-852-1978
전자우편 sbpoem@naver.com

ISBN 979-11-5896-381-1 03810

* 이 시집은 2018 문화체육관광부, 제주특별자치도, 제주문화예술재단의 기금을 지원받아 제작되었습니다.